Schule - school	2
Reise - reis	5
Transport - transport	8
Stadt - stad	10
Landschaft - landschap	14
Restaurant - restaurant	17
Supermarkt - supermarkt	20
Getränke - dranken	22
Essen - eten	23
Bauernhof - boerderij	27
Haus - huis	31
Wohnzimmer - woonkamer	33
Küche - keuken	35
Badezimmer - badkamer	38
Kinderzimmer - kinderkamer	42
Kleidung - kleding	44
Büro - kantoor	49
Wirtschaft - economie	51
Berufe - beroepen	53
Werkzeuge - gereedschap	56
Musikinstrumente - muziekinstrumenten	57
Zoo - dierentuin	59
Sport - sport	62
Aktivitäten - activiteiten	63
Familie - familie	67
Körper - lichaam	68
Krankenhaus - ziekenhuis	72
Notfall - noodgeval	76
Erde - aarde	77
Uhr - klok	79
Woche - week	80
Jahr - jaar	81
Formen - vormen	83
Farben - kleuren	84
Gegenteile - tegenstellingen	85
Zahlen - getallen	88
Sprachen - talen	90
wer / was / wie - wie / wat / hoe	91
wo - waar	92

AF205623

Impressum
Verlag: BABADADA GmbH, Nedderfeld 112 , 22529 Hamburg
Geschäftsführer / Verlagsleitung: Harald Hof
Druck: Books on Demand GmbH, In de Tarpen 42, 22848 Norderstedt

Imprint
Publisher: BABADADA GmbH, Nedderfeld 112 , 22529 Hamburg, Germany
Managing Director / Publishing direction: Harald Hof
Print: Books on Demand GmbH, In de Tarpen 42, 22848 Norderstedt, Germany

Schule

school

dividieren
delen

186/2

Tafel
bord

Klassenzimmer
klaslokaal

Schulhof
schoolplein

Lehrer
leraar

Papier
papier

schreiben
schrijven

Stift
pen

Schreibtisch
bureau

Lineal
lineaal

Buch
boek

Schüler
leerling

Ranzen

schooltas

Federmappe

etui

Bleistift

potlood

Bleistiftanspitzer

puntenslijper

Radiergummi

gum

Zeichenblock

schetsblok

Zeichnung

tekening

Pinsel

penseel

Malkasten

verfdoos

Schere

schaar

Klebstoff

lijm

Übungsheft

schrift

Hausaufgabe

huiswerk

Zahl

getal

addieren

optellen

subtrahieren

aftrekken

multiplizieren

vermenigvuldigen

rechnen

rekenen

Buchstabe

letter

Alphabet

alfabet

Wort

woord

Text
tekst

lesen
lezen

Kreide
krijt

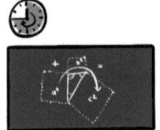

Stunde
les

Klassenbuch
klassenboek

Prüfung
examen

Zeugnis
diploma

Schuluniform
schooluniform

Ausbildung
opleiding

Lexikon
encyclopedie

Universität
universiteit

Mikroskop
microscoop

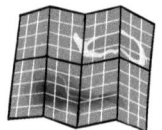

Karte
kaart

Papierkorb
prullenmand

Reise
reis

Hotel
hotel
Grand
Herberge
hostel
ROOMS
Wechselstube
wisselkantoor
Koffer
koffer
Auto
auto

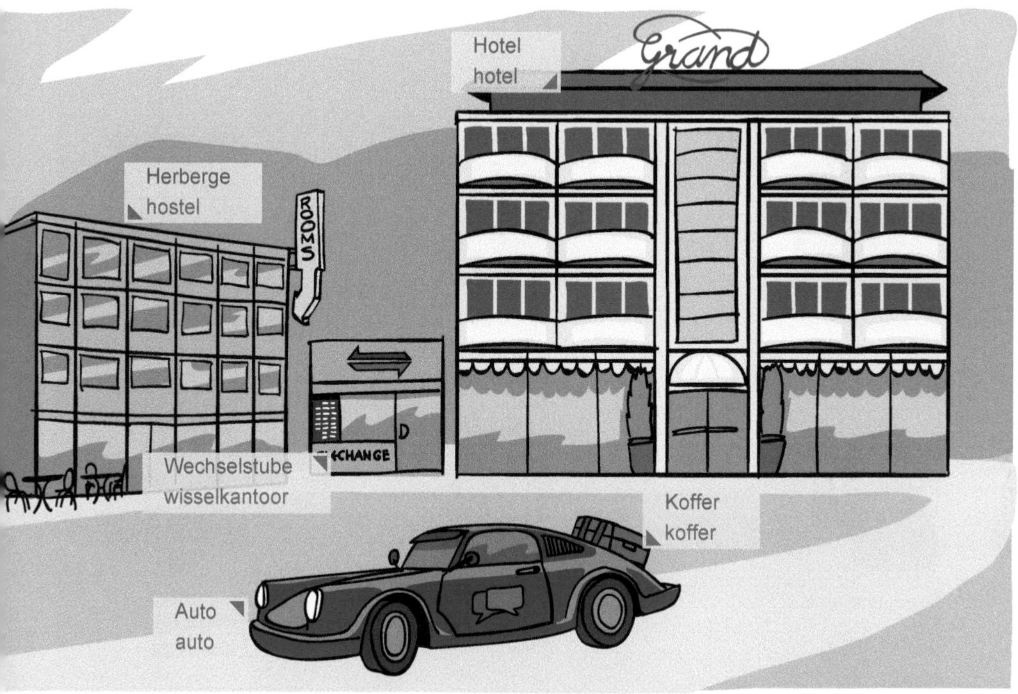

Sprache

taal

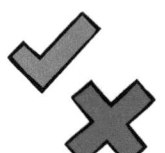

ja / nein

ja / nee

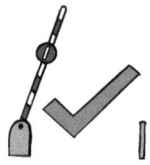

Okay

oké

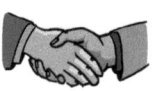

Hallo

Hallo!

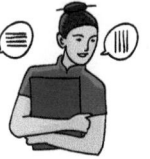

Übersetzer

tolk

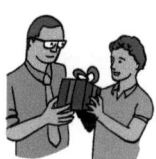

Danke

Bedankt.

Was kostet…?

Wat kost …?

Ich verstehe nicht

Ik begrijp het niet.

Problem

probleem

Guten Abend!

Goedenavond!

Guten Morgen!

Goedemorgen!

Gute Nacht!

Goedenacht!

Auf Wiedersehen

Tot ziens!

Richtung

richting

Gepäck

bagage

Tasche

tas

Rucksack

rugzak

Gast

gast

Zimmer

kamer

Schlafsack

slaapzak

Zelt

tent

Touristeninformation

VVV-kantoor

Strand

strand

Kreditkarte

creditkaart

Frühstück

ontbijt

Mittagessen

lunch

Abendessen

diner

Fahrkarte

kaartje

Fahrstuhl

lift

Briefmarke

postzegel

Grenze

grens

Zoll

douane

Botschaft

ambassade

Visum

visum

Pass

paspoort

Transport
transport

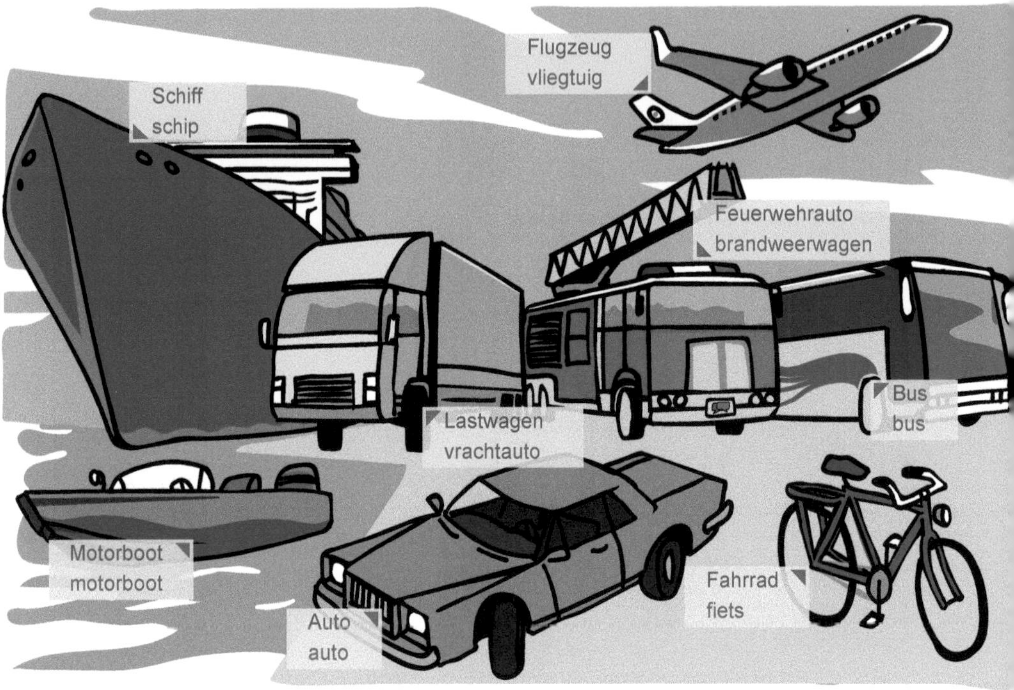

Flugzeug
vliegtuig
Schiff
schip
Feuerwehrauto
brandweerwagen
Bus
bus
Lastwagen
vrachtauto
Motorboot
motorboot
Fahrrad
fiets
Auto
auto

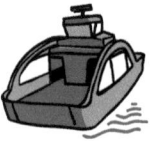

Fähre

veerboot

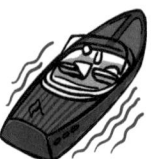

Boot

boot

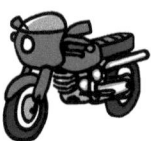

Motorrad

motorfiets

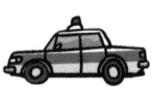

Polizeiauto

politiewagen

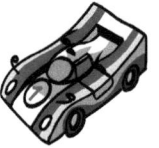

Rennauto

raceauto

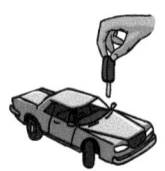

Mietwagen

huurauto

Carsharing

carsharing

Abschleppwagen

takelwagen

Müllauto

vuilniswagen

Motor

motor

Kraftstoff

benzine

Tankstelle

benzinepomp

Verkehrsschild

verkeersbord

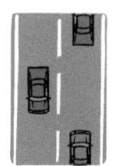

Verkehr

verkeer

Stau

file

Parkplatz

parkeerplaats

Bahnhof

station

Schienen

rails

Zug

trein

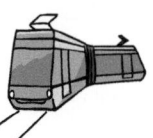

Straßenbahn

tram

Wagon

wagon

Helikopter

helikopter

Flughafen

luchthaven

Tower

toren

Passagier

passagier

Container

container

Karton

verhuisdoos

Karren

kar

Korb

mand

starten / landen

opstijgen / landen

Stadt

stad

Dorf

dorp

Stadtzentrum

stadscentrum

Haus

huis

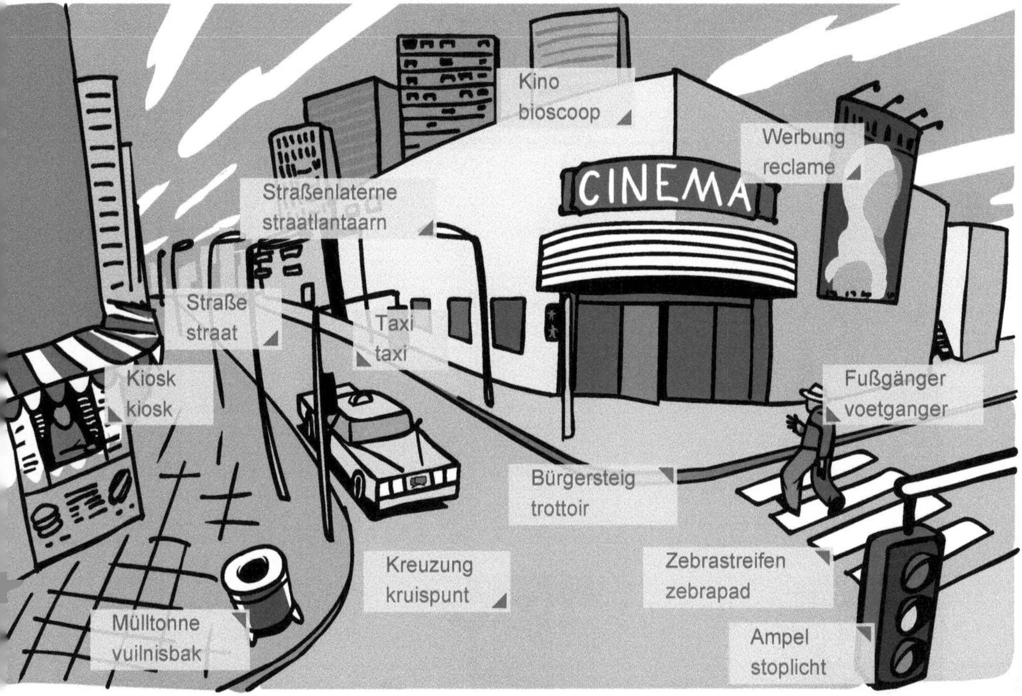

Kino
bioscoop
CINEMA
Werbung
reclame
Straßenlaterne
straatlantaarn
Straße
straat
Taxi
taxi
Kiosk
kiosk
Fußgänger
voetganger
Bürgersteig
trottoir
Kreuzung
kruispunt
Zebrastreifen
zebrapad
Mülltonne
vuilnisbak
Ampel
stoplicht

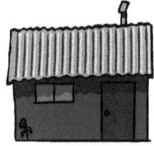

Hütte

hut

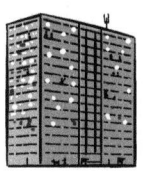

Wohnung

appartement

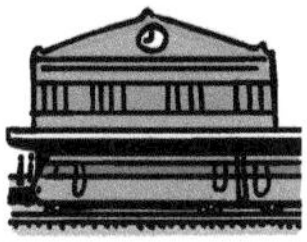

Bahnhof

station

Rathaus

stadhuis

MUSEUM

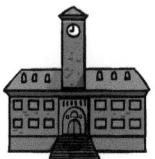

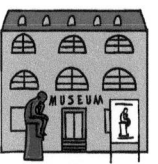

Museum

museum

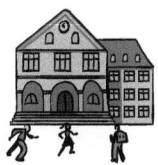

Schule

school

Universität	Bank	Krankenhaus
universiteit	bank	ziekenhuis

Hotel	Apotheke	Büro
hotel	apotheek	kantoor

Buchhandlung	Geschäft	Blumenladen
boekenwinkel	winkel	bloemenwinkel

Supermarkt	Markt	Kaufhaus
supermarkt	markt	warenhuis

Fischhändler	Einkaufszentrum	Hafen
visboer	winkelcentrum	haven

Park

park

Bank

bank

Brücke

brug

Treppe

trap

U-Bahn

metro

Tunnel

tunnel

Bushaltestelle

bushalte

Bar

bar

Restaurant

restaurant

Briefkasten

brievenbus

Straßenschild

straatnaambord

Parkuhr

parkeermeter

Zoo

dierentuin

Badeanstalt

zwembad

Moschee

moskee

Bauernhof

boerderij

Umweltverschmutzung

vervuiling

Friedhof

begraafplaats

Kirche

kerk

Spielplatz

speelplaats

Tempel

tempel

Landschaft

landschap

Blatt
blad

Wegweiser
wegwijzer

Weg
weg

Wiese
weide

Stein
steen

Baum
boom

Wanderer
wandelaar

Fluss
rivier

Gras
gras

Blume
bloem

Tal

vallei

Berg

berg

See

meer

Wald

bos

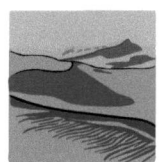

Wüste

woestijn

Vulkan

vulkaan

Schloss

kasteel

Regenbogen

regenboog

Pilz

paddenstoel

Palme

palmboom

Moskito

mug

Fliege

vlieg

Ameise

mier

Biene

bij

Spinne

spin

Landschaft - landschap   15

Käfer

kever

Frosch

kikker

Eichhörnchen

eekhoorn

Igel

egel

Hase

haas

Eule

uil

Vogel

vogel

Schwan

zwaan

Wildschwein

wild zwijn

Hirsch

hert

Elch

eland

Staudamm

stuwdam

Windrad

windmolen

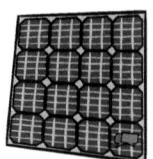

Solarmodul

zonnepaneel

Klima

klimaat

Restaurant
restaurant

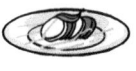

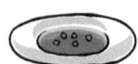

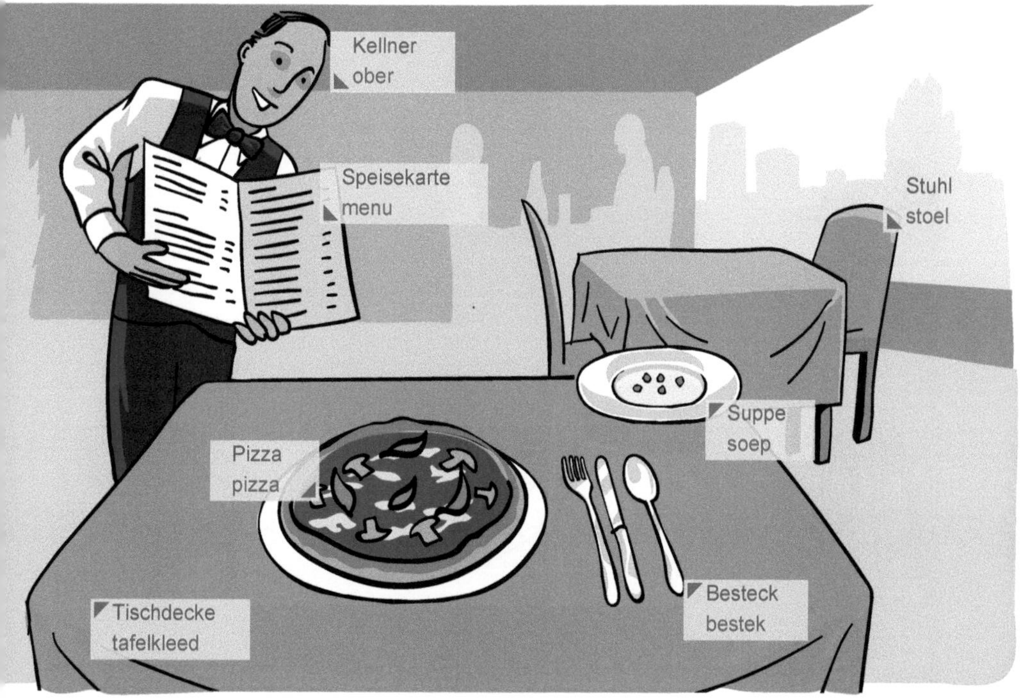

Kellner
ober
Speisekarte
menu
Stuhl
stoel
Suppe
soep
Pizza
pizza
Besteck
bestek
Tischdecke
tafelkleed

Vorspeise

voorgerecht

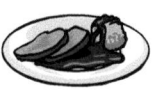

Hauptgericht

hoofdgerecht

Nachspeise

toetje

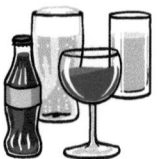

Getränke

dranken

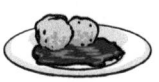

Essen

eten

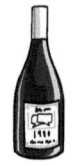

Flasche

fles

Fastfood

fastfood

Streetfood

eetkraampje

Teekanne

theepot

Zuckerdose

suikerpot

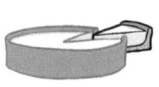

Portion

portie

Espressomaschine

espressomachine

Hochstuhl

kinderstoel

Rechnung

rekening

Tablett

dienblad

Messer

mes

Gabel

vork

Löffel

lepel

Teelöffel

theelepel

Serviette

servet

Glas

glas

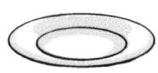		
Teller	Suppenteller	Untertasse
bord	soepbord	schotel

Sauce	Salzstreuer	Pfeffermühle
saus	zoutvaatje	pepermolen
		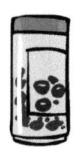 
Essig	Öl	Gewürze
azijn	olie	kruiden

Ketchup	Senf	Mayonnaise
ketchup	mosterd	mayonaise

Supermarkt

supermarkt

Angebot
aanbieding
FOR
Kunde
klant
Milchprodukte
zuivelproducten
Obst
fruit
Einkaufswagen
winkelwagen

BUTCHERS

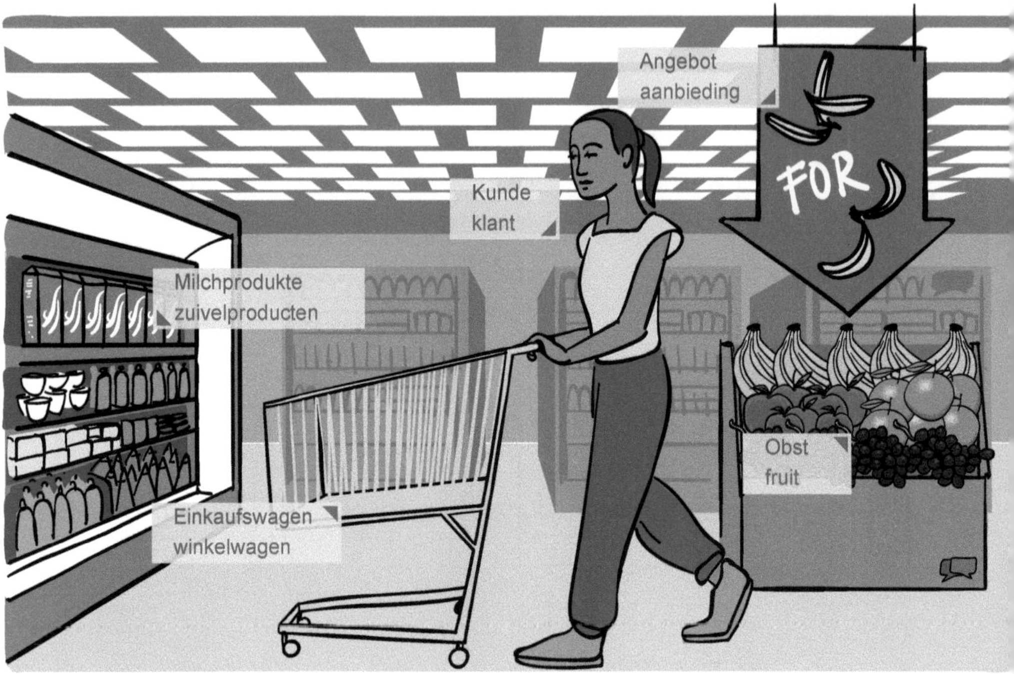

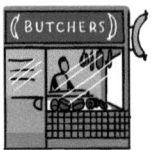

Schlachterei

slager

BAKERY

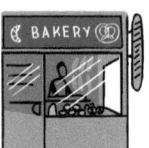

Bäckerei

bakkerij

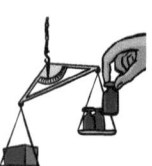

wiegen

wegen

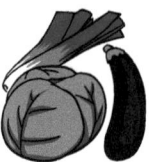

Gemüse

groente

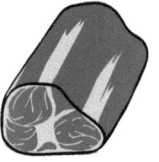

Fleisch

vlees

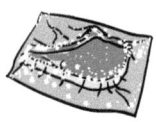

Tiefkühlkost

diepvriesproducten

Aufschnitt

vleeswaren

Konserven

conserven

Waschmittel

wasmiddel

Süßigkeiten

snoepgoed

Haushaltsartikel

huishoudelijke artikelen

Reinigungsmittel

schoonmaakmiddel

Verkäuferin

verkoopster

Kasse

kassa

Kassierer

kassier

Einkaufsliste

boodschappenlijstje

Öffnungszeiten

openingstijden

Brieftasche

portefeuille

Kreditkarte

creditkaart

Tasche

tas

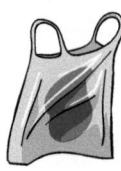

Plastiktüte

plastic zak

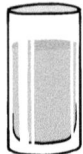

Wasser

water

Saft

sap

Milch

melk

Cola

cola

Wein

wijn

Bier

bier

Alkohol

alcohol

Kakao

chocolademelk

Tee

thee

Kaffee

koffie

Espresso

espresso

Cappuccino

cappuccino

Banane

banaan

Apfel

appel

Orange

sinaasappel

Melone

watermeloen

Zitrone

citroen

Karotte

wortel

Knoblauch

knoflook

Bambus

bamboe

Zwiebel

ui

Pilz

paddenstoel

Nüsse

noten

Nudeln

pasta

Spaghetti

spaghetti

Reis

rijst

Salat

salade

Pommes frites

friet

Bratkartoffeln

gebakken aardappelen

Pizza

pizza

Hamburger

hamburger

Sandwich

sandwich

Schnitzel

schnitzel

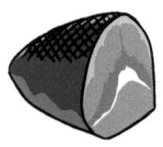

Schinken

ham

Salami

salami

Wurst

worst

Huhn

kip

Braten

gebraad

Fisch

vis

Haferflocken

havermout

Müsli

muesli

Cornflakes

cornflakes

Mehl

meel

Croissant

croissant

Brötchen

broodjes

Brot

brood

Toast

toast

Kekse

koekjes

Butter

boter

Quark

kwark

Kuchen

taart

Ei

ei

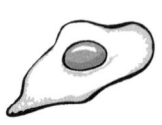

Spiegelei

gebakken ei

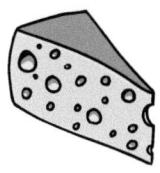

Käse

kaas

Essen - eten

Eiscreme

ijs

Zucker

suiker

Honig

honing

Marmelade

jam

Nougat-Creme

chocoladepasta

Curry

kerrie

Bauernhof
boerderij

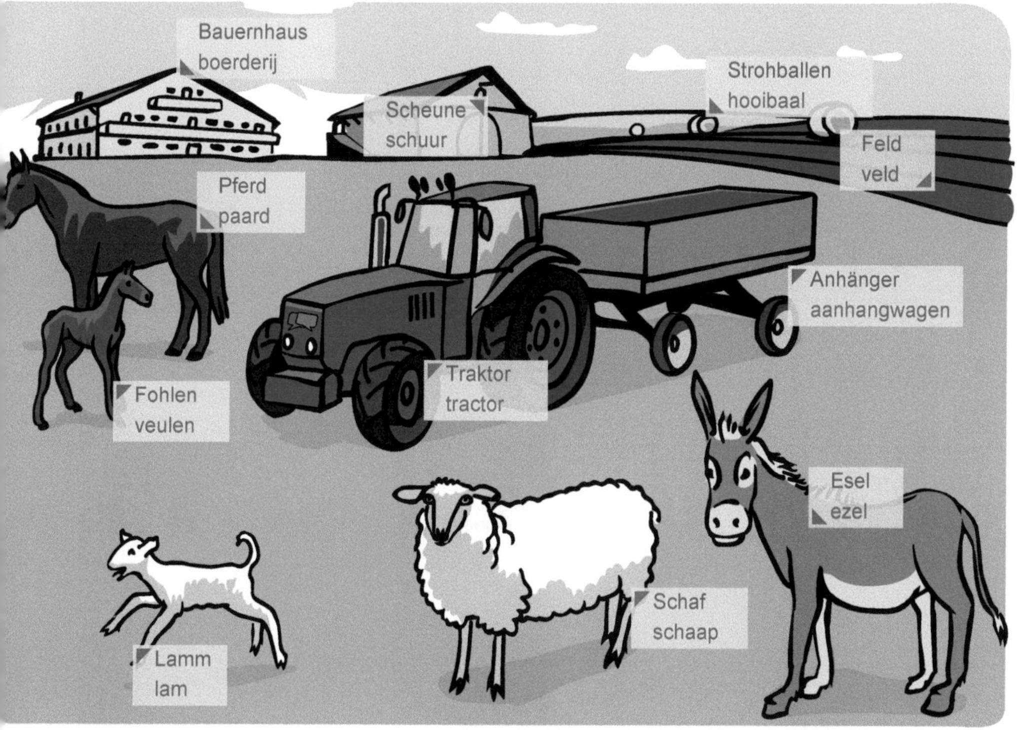
Bauernhaus
boerderij
Scheune
schuur
Strohballen
hooibaal
Feld
veld
Pferd
paard
Anhänger
aanhangwagen
Fohlen
veulen
Traktor
tractor
Esel
ezel
Schaf
schaap
Lamm
lam

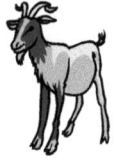

Ziege
geit

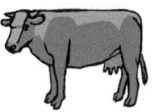

Kuh
koe

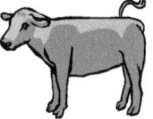

Kalb
kalf

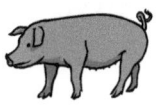

Schwein
varken

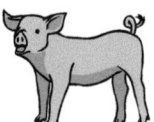

Ferkel
big

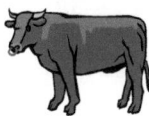

Bulle
stier

Gans

gans

Ente

eend

Küken

kuiken

Huhn

kip

Hahn

haan

Ratte

rat

Katze

kat

Maus

muis

Ochse

os

Hund

hond

Hundehütte

hondenhok

Gartenschlauch

tuinslang

Gießkanne

gieter

Sense

zeis

Pflug

ploeg

Sichel

sikkel

Hacke

schoffel

Mistgabel

hooivork

Axt

bijl

Schubkarre

kruiwagen

Trog

trog

Milchkanne

melkbus

Sack

zak

Zaun

hek

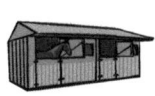

Stall

stal

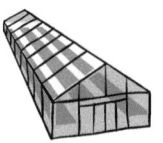

Treibhaus

broeikas

Boden

grond

Saat

zaad

Dünger

mest

Mähdrescher

maaidorser

ernten

oogsten

Ernte

oogst

Yamswurzel

yam

Weizen

tarwe

Soja

soja

Kartoffel

aardappel

Mais

maïs

Raps

koolzaad

Obstbaum

fruitboom

Maniok

maniok

Getreide

granen

Haus
huis

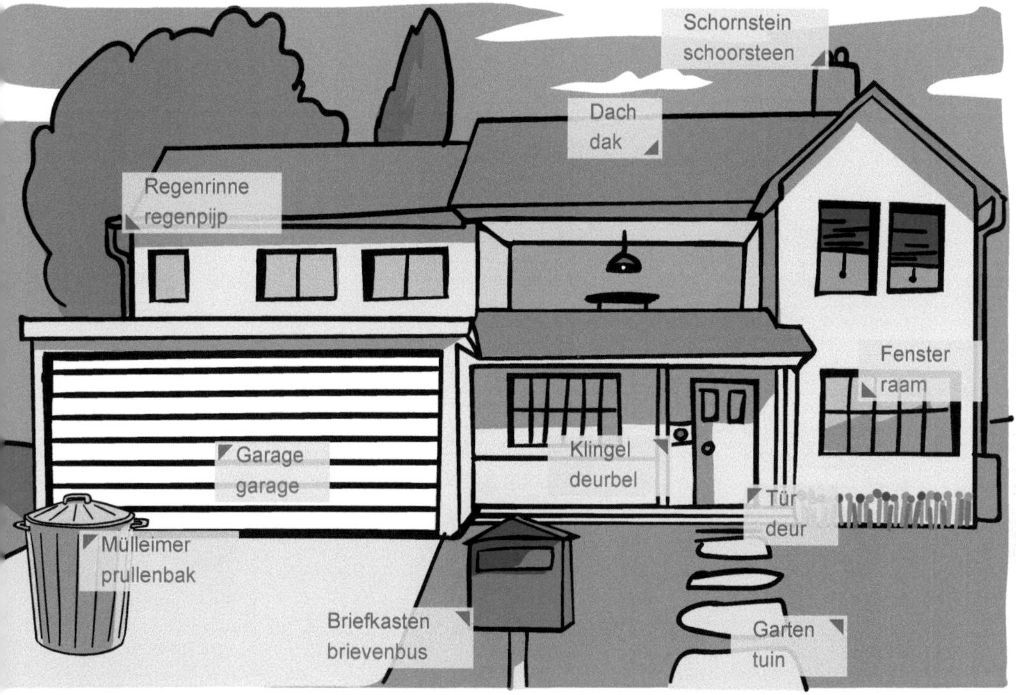
Schornstein
schoorsteen
Dach
dak
Regenrinne
regenpijp
Fenster
raam
Garage
garage
Klingel
deurbel
Tür
deur
Mülleimer
prullenbak
Briefkasten
brievenbus
Garten
tuin

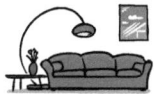

Wohnzimmer

woonkamer

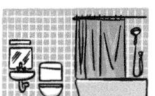

Badezimmer

badkamer

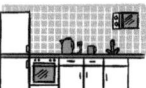

Küche

keuken

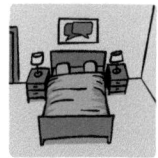

Schlafzimmer

slaapkamer

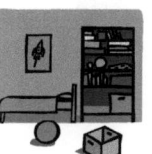

Kinderzimmer

kinderkamer

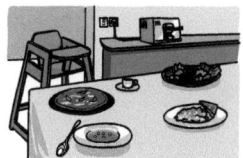

Esszimmer

eetkamer

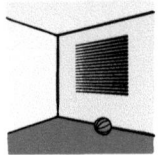

Boden

vloer

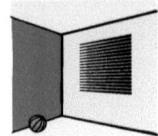

Wand

muur

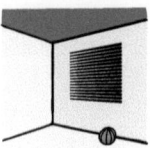

Decke

plafond

Keller

kelder

Sauna

sauna

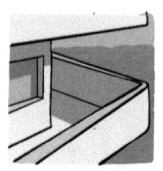

Balkon

balkon

Terrasse

terras

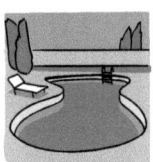

Schwimmbad

zwembad

Rasenmäher

grasmaaier

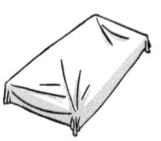

Bettbezug

laken

Bettdecke

bedsprei

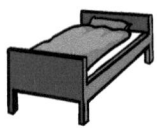

Bett

bed

Besen

bezem

Eimer

emmer

Schalter

schakelaar

Wohnzimmer
woonkamer

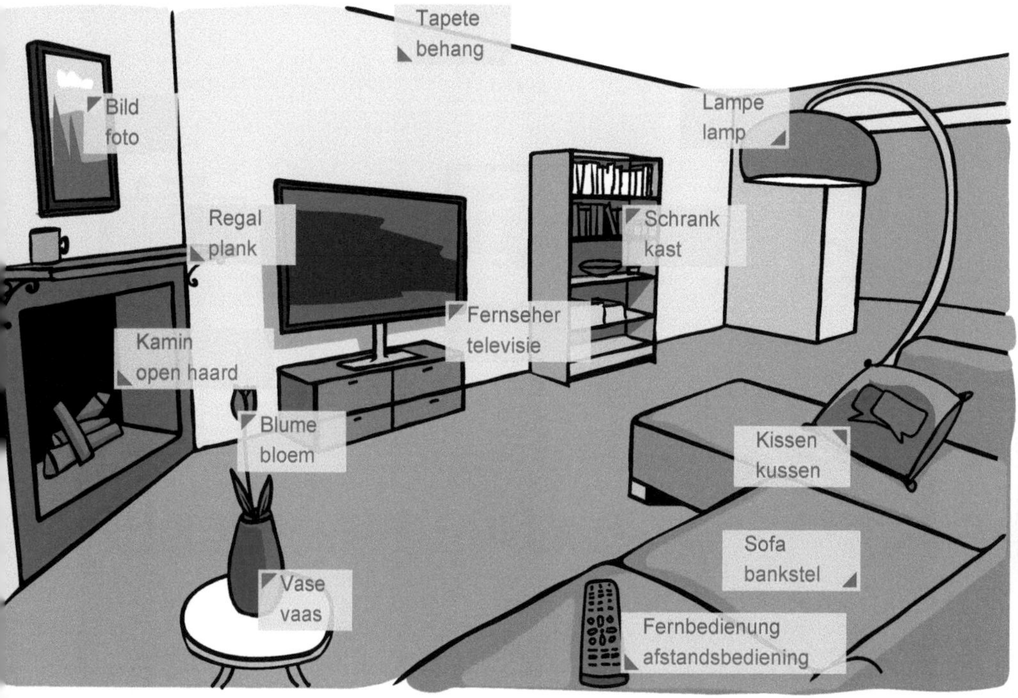
Tapete
behang
Bild
foto
Lampe
lamp
Regal
plank
Schrank
kast
Fernseher
televisie
Kamin
open haard
Blume
bloem
Kissen
kussen
Sofa
bankstel
Vase
vaas
Fernbedienung
afstandsbediening

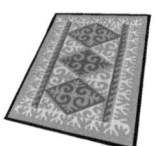

Teppich

tapijt

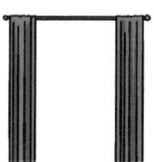

Vorhang

gordijn

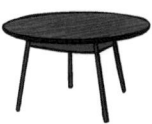

Tisch

tafel

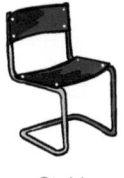

Stuhl

stoel

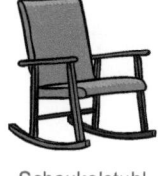

Schaukelstuhl

schommelstoel

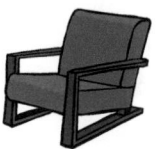

Sessel

stoel

Buch

boek

Decke

deken

Dekoration

decoratie

Feuerholz

brandhout

Film

film

Stereoanlage

stereo-installatie

Schlüssel

sleutel

Zeitung

krant

Gemälde

schilderij

Poster

poster

Radio

radio

Notizblock

kladblok

Staubsauger

stofzuiger

Kaktus

cactus

Kerze

kaars

Küche
keuken

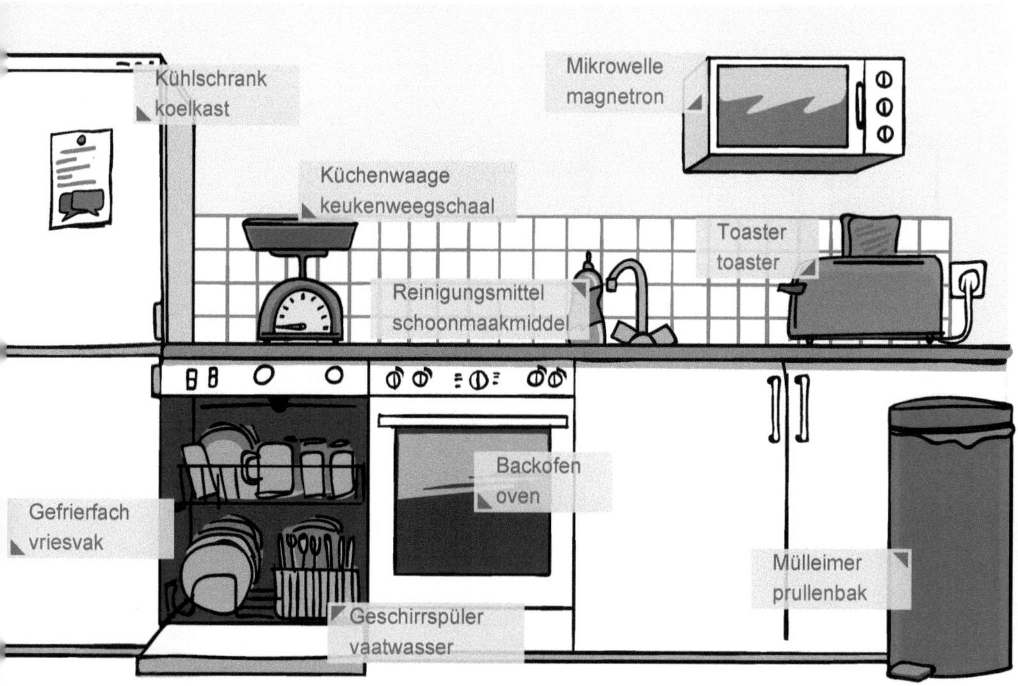
Kühlschrank
koelkast
Mikrowelle
magnetron
Küchenwaage
keukenweegschaal
Toaster
toaster
Reinigungsmittel
schoonmaakmiddel
Backofen
oven
Gefrierfach
vriesvak
Mülleimer
prullenbak
Geschirrspüler
vaatwasser

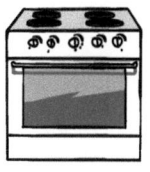

Herd

fornuis

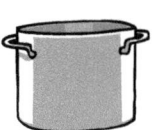

Topf

pan

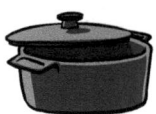

Eisentopf

gietijzeren pan

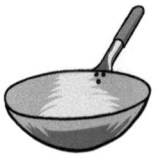

Wok / Kadai

wok / kadai

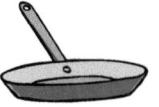

Pfanne

koekenpan

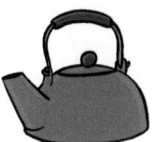

Wasserkocher

ketel

Dampfgarer

stoomkoker

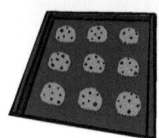

Backblech

bakplaat

Geschirr

servies

Becher

beker

Schale

kom

Essstäbchen

eetstokjes

Suppenkelle

soeplepel

Pfannenwender

spatel

Schneebesen

garde

Kochsieb

vergiet

Sieb

zeef

Reibe

rasp

Mörser

vijzel

Grill

barbecue

Feuerstelle

vuurhaard

Schneidebrett

snijplank

Nudelholz

deegroller

Korkenzieher

kurkentrekker

Dose

blik

Dosenöffner

blikopener

Topflappen

pannenlap

Waschbecken

wasbak

Bürste

borstel

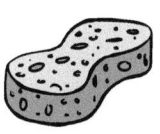

Schwamm

spons

Mixer

blender

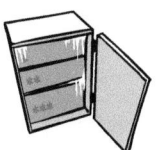

Gefriertruhe

vriezer

Babyflasche

babyflesje

Wasserhahn

kraan

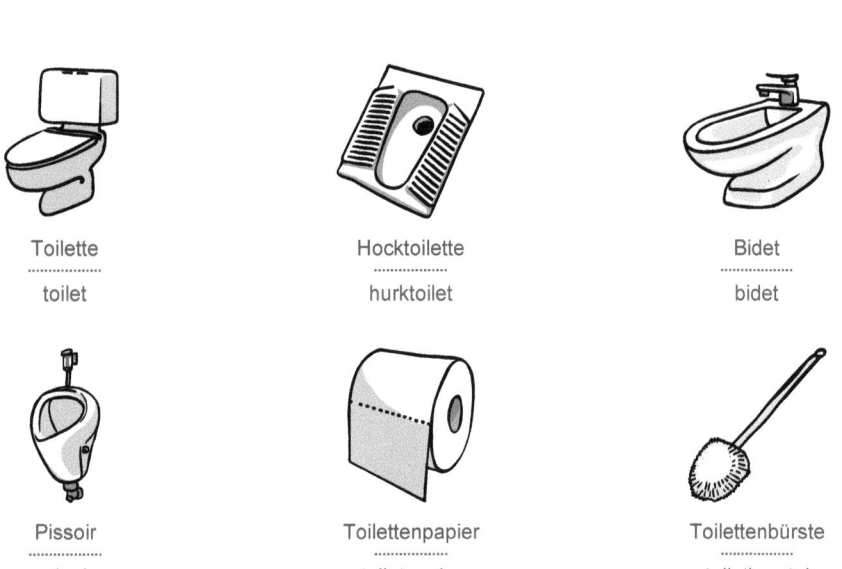

Badezimmer
badkamer

Dusche
douche
Heizung
verwarming
Handtuch
handdoek
Duschvorhang
douchegordijn
Schaumbad
bubbelbad
Badewanne
bad
Glas
glas
Waschmaschine
wasmachine
Wasserhahn
kraan
Fliesen
tegels
Töpfchen
potje
Waschbecken
wasbak

Toilette

toilet

Hocktoilette

hurktoilet

Bidet

bidet

Pissoir

urinoir

Toilettenpapier

toiletpapier

Toilettenbürste

toiletborstel

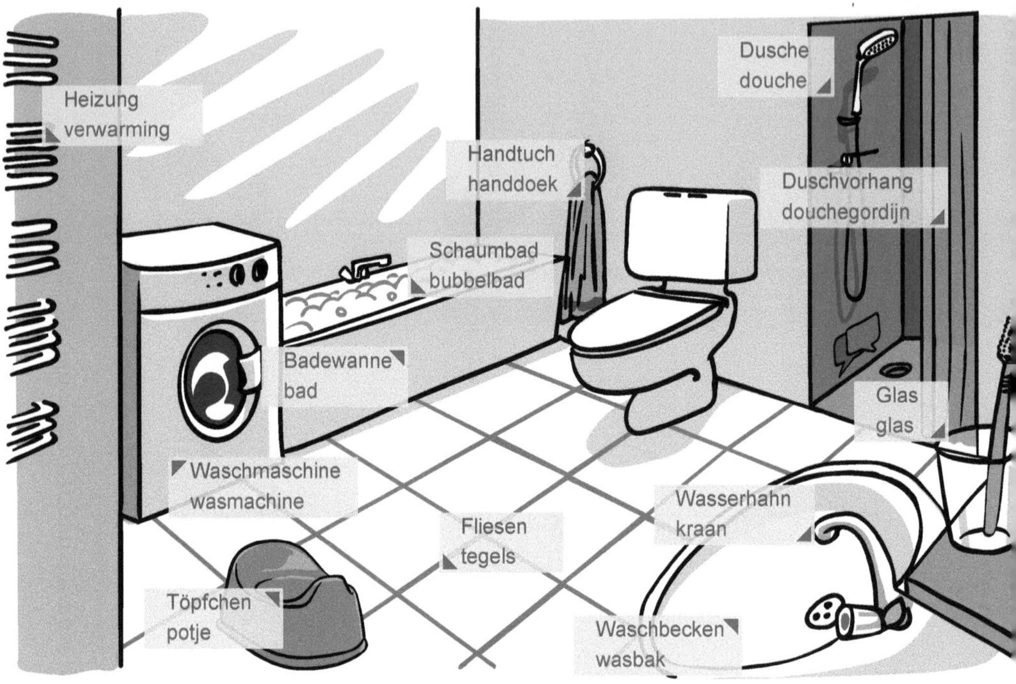

Zahnbürste

tandenborstel

Zahnpasta

tandpasta

Zahnseide

flosdraad

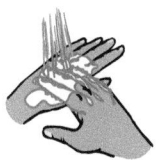

waschen

wassen

Handbrause

handdouche

Intimdusche

toiletdouche

Waschschüssel

waskom

Rückenbürste

rugborstel

Seife

zeep

Duschgel

douchegel

Shampoo

shampoo

Waschlappen

washanje

Abfluss

afvoer

Creme

creme

Deodorant

deodorant

Spiegel

spiegel

Kosmetikspiegel

make-upspiegel

Rasierer

scheermes

Rasierschaum

scheerschuim

Rasierwasser

aftershave

Kamm

kam

Bürste

borstel

Föhn

haardroger

Haarspray

haarspray

Makeup

make-up

Lippenstift

lippenstift

Nagellack

nagellak

Watte

watten

Nagelschere

nagelschaartje

Parfum

parfum

Kulturbeutel
toilettas

Hocker
kruk

Waage
weegschaal

Bademantel
badjas

Gummihandschuhe
rubber handschoenen

Tampon
tampon

Damenbinde
maandverband

Chemietoilette
chemisch toilet

Kinderzimmer
kinderkamer

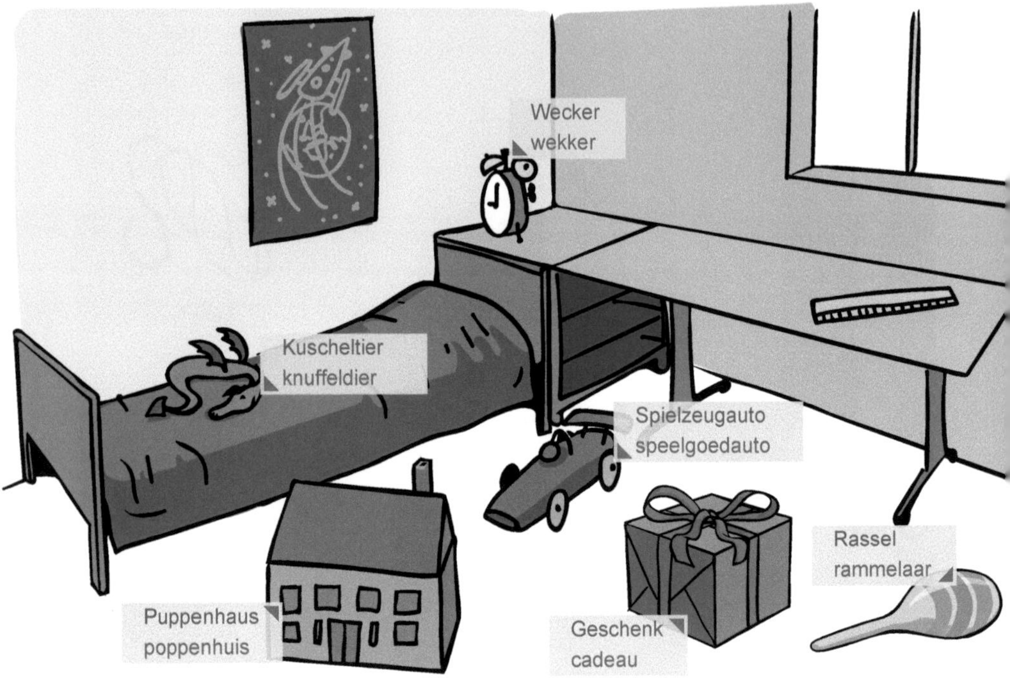

Wecker
wekker

Kuscheltier
knuffeldier

Spielzeugauto
speelgoedauto

Rassel
rammelaar

Puppenhaus
poppenhuis

Geschenk
cadeau

Ballon

ballon

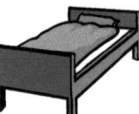

Bett

bed

Kinderwagen

kinderwagen

Kartenspiel

kaartspel

Puzzle

puzzel

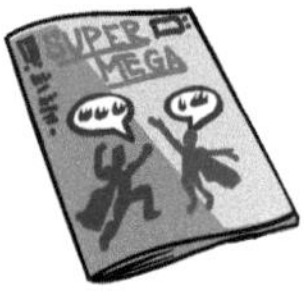

Comic

stripverhaal

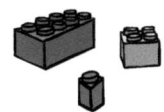

Legosteine

legostenen

Bausteine

speelgoedblokken

Action Figur

actiefiguurtje

Strampelanzug

romper

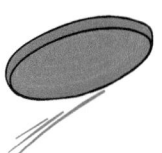

Frisbee

frisbee

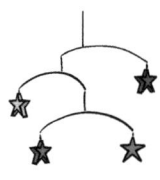

Mobile

mobile

Brettspiel

bordspel

Würfel

dobbelsteen

Modelleisenbahn

modeltrein

Schnuller

speen

Party

feestje

Bilderbuch

prentenboek

Ball

bal

Puppe

pop

spielen

spelen

Sandkasten

zandbak

Schaukel

schommel

Spielzeug

speelgoed

Spielkonsole

spelcomputer

Dreirad

driewieler

Teddy

teddybeer

Kleiderschrank

kleerkast

Kleidung
kleding

Socken

sokken

Strümpfe

kousen

Strumpfhose

panty

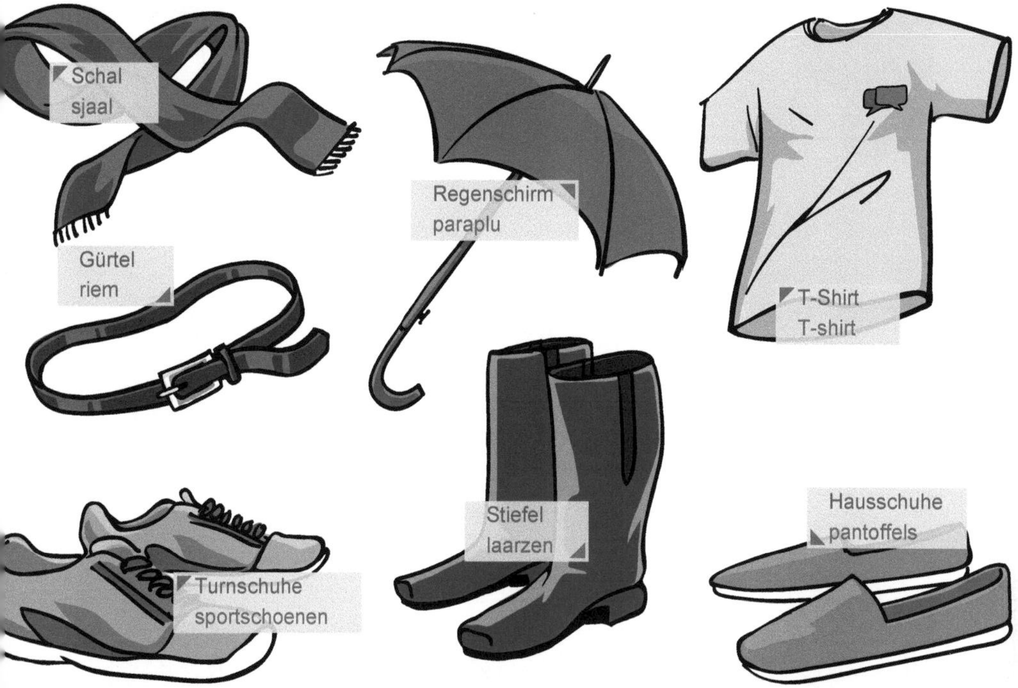

Schal
sjaal

Regenschirm
paraplu

Gürtel
riem

T-Shirt
T-shirt

Stiefel
laarzen

Hausschuhe
pantoffels

Turnschuhe
sportschoenen

Sandalen
....
sandalen

Schuhe
....
schoenen

Gummistiefel
....
rubberlaarzen

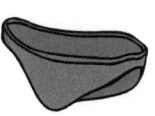

Unterhose
....
onderbroek

Büstenhalter
....
beha

Unterhemd
....
onderhemd

Body

body

Hose

broek

Jeans

spijkerbroek

Rock

rok

Bluse

blouse

Hemd

overhemd

Pullover

trui

Kapuzenpullover

hoody

Blazer

blazer

Jacke

jas

Mantel

mantel

Regenmantel

regenjas

Kostüm

kostuum

Kleid

jurk

Hochzeitskleid

trouwjurk

Anzug	Nachthemd	Schlafanzug
pak	nachthemd	pyjama

Sari	Kopftuch	Turban
sari	hoofddoek	tulband

Burka	Kaftan	Abaya
boerka	kaftan	abaja

Badeanzug	Badehose	Kurze Hose
zwempak	zwembroek	korte broek

Trainingsanzug	Schürze	Handschuhe
trainingspak	schort	handschoenen

Knopf

knoop

Brille

bril

Armband

armband

Halskette

ketting

Ring

ring

Ohrring

oorbel

Mütze

pet

Kleiderbügel

kledinghanger

Hut

hoed

Krawatte

stropdas

Reißverschluss

rits

Helm

helm

Hosenträger

bretels

Schuluniform

schooluniform

Uniform

uniform

Lätzchen
slabbetje

Schnuller
speen

Windel
luier

Büro
kantoor

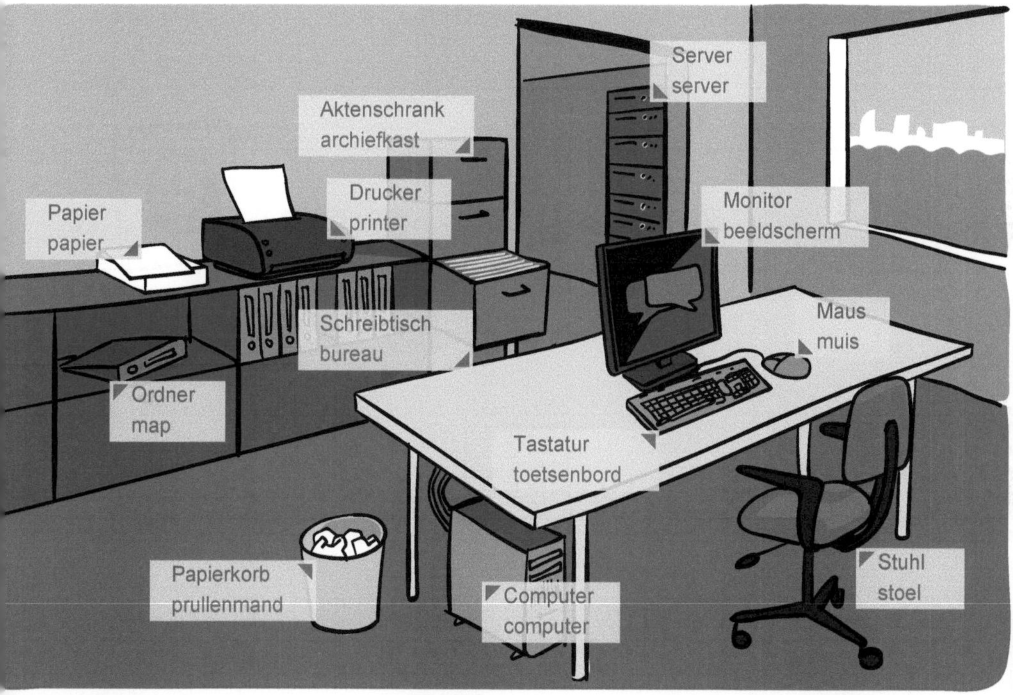

Server
server

Aktenschrank
archiefkast

Papier
papier

Drucker
printer

Monitor
beeldscherm

Maus
muis

Schreibtisch
bureau

Ordner
map

Tastatur
toetsenbord

Papierkorb
prullenmand

Computer
computer

Stuhl
stoel

Kaffeebecher
koffiemok

Taschenrechner
rekenmachine

Internet
internet

Laptop

laptop

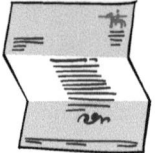

Brief

brief

Nachricht

bericht

Handy

mobiele telefoon

Netzwerk

netwerk

Kopierer

kopieermachine

Software

software

Telefon

telefoon

Steckdose

stopcontact

Fax

fax

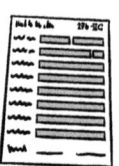

Formular

formulier

Dokument

document

kaufen

kopen

bezahlen

betalen

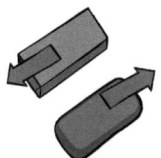

handeln

handel drijven

Geld

geld

Dollar

dollar

Euro

euro

Yen

yen

Rubel

roebel

Franken

Zwitserse frank

Renminbi Yuan

renminbi yuan

Rupie

roepie

Geldautomat

geldautomaat

Wechselstube

wisselkantoor

Gold

goud

Silber

zilver

Öl

olie

Energie

energie

Preis

prijs

Vertrag

contract

Steuer

belasting

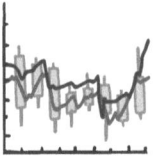

Aktie

aandeel

arbeiten

werken

Angestellter

werknemer

Arbeitgeber

werkgever

Fabrik

fabriek

Geschäft

winkel

Polizist
politieagent

Feuerwehrmann
brandweerman

Koch
kok

Arzt
dokter

Pilot
piloot

Gärtner

tuinman

Tischler

timmerman

Näherin

naaister

Richter

rechter

Chemiker

scheikundige

Schauspieler

toneelspeler

Busfahrer

buschauffeur

Taxifahrer

taxichauffeur

Fischer

visser

Putzfrau

schoonmaakster

Dachdecker

dakdekker

Kellner

ober

Jäger

jager

Maler

schilder

Bäcker

bakker

Elektriker

elektricien

Bauarbeiter

bouwvakker

Ingenieur

ingenieur

Schlachter

slager

Klempner

loodgieter

Postbote

postbode

Soldat

soldaat

Architekt

architect

Kassierer

kassier

Florist

bloemist

Friseur

kapper

Schaffner

conducteur

Mechaniker

monteur

Kapitän

kapitein

Zahnarzt

tandarts

Wissenschaftler

wetenschapper

Rabbi

rabbi

Imam

imam

Mönch

monnik

Geistlicher

pastoor

Werkzeuge
gereedschap

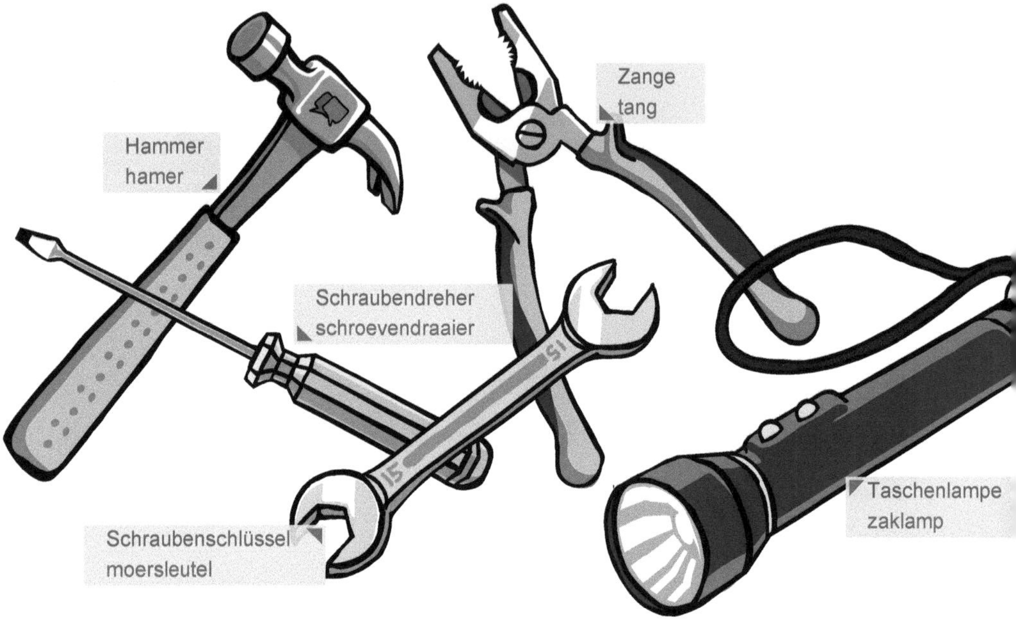
Zange
tang
Hammer
hamer
Schraubendreher
schroevendraaier
Taschenlampe
zaklamp
Schraubenschlüssel
moersleutel

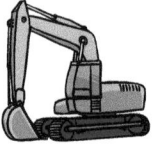

Bagger
graafmachine

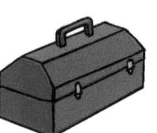

Werkzeugkasten
gereedschapskist

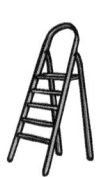

Leiter
ladder

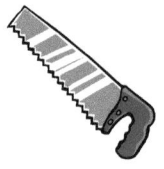

Säge
zaag

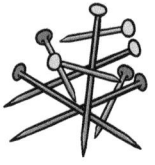

Nägel
spijkers

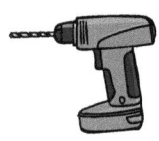

Bohrer
boor

reparieren

repareren

Schaufel

schep

Mist!

Verdorie!

Kehrblech

stofblik

Farbtopf

verfpot

Schrauben

schroeven

Musikinstrumente
muziekinstrumenten

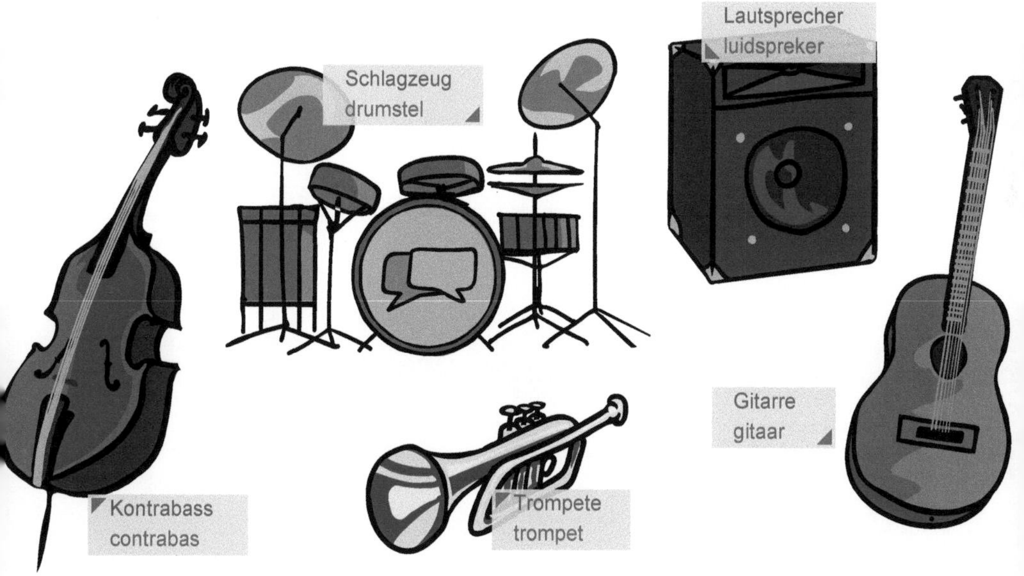

Schlagzeug
drumstel

Lautsprecher
luidspreker

Kontrabass
contrabas

Trompete
trompet

Gitarre
gitaar

Klavier

piano

Violine

viool

Bass

bas

Pauke

pauk

Trommeln

trommel

Keyboard

keyboard

Saxophon

saxofoon

Flöte

fluit

Mikrofon

microfoon

Zoo

dierentuin

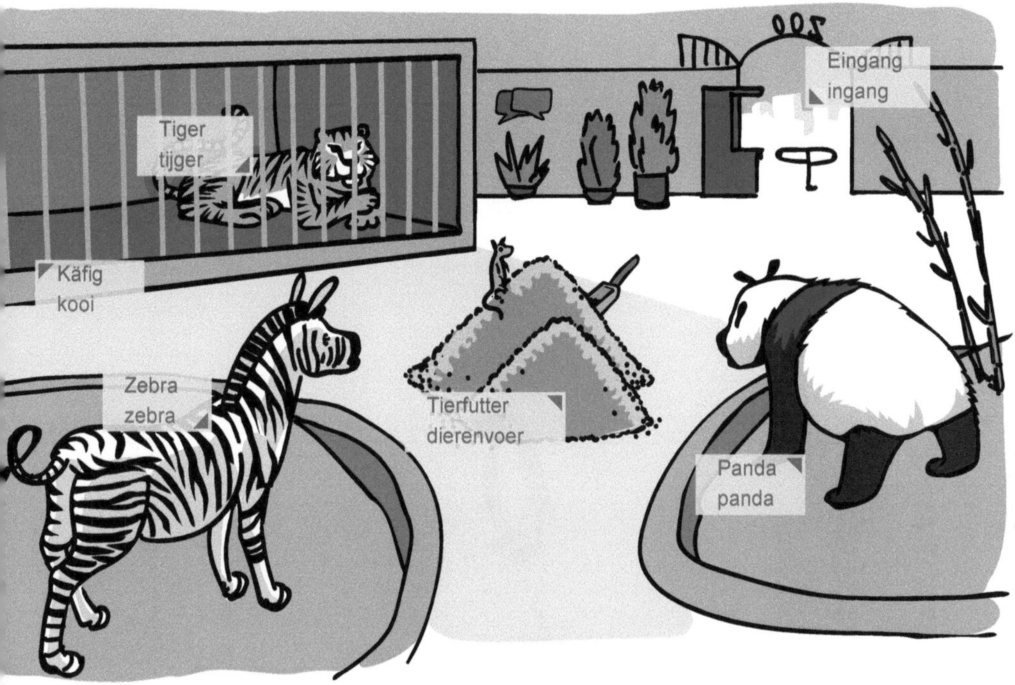
Eingang
ingang
Tiger
tijger
Käfig
kooi
Zebra
zebra
Tierfutter
dierenvoer
Panda
panda

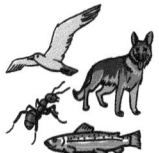

Tiere

dieren

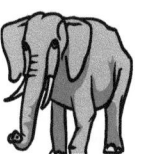

Elefant

olifant

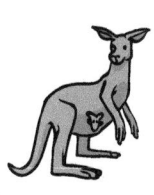

Känguru

kangoeroe

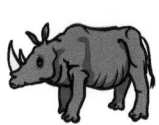

Nashorn

neushoorn

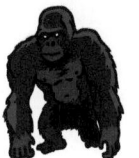

Gorilla

gorilla

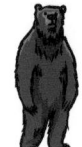

Bär

beer

Kamel

kameel

Strauß

struisvogel

Löwe

leeuw

Affe

aap

Flamingo

flamingo

Papagei

papegaai

Eisbär

ijsbeer

Pinguin

pinguïn

Hai

haai

Pfau

pauw

Schlange

slang

Krokodil

krokodil

Zoowärter

dierenverzorger

Robbe

zeehond

Jaguar

jaguar

Pony

pony

Leopard

luipaard

Nilpferd

nijlpaard

Giraffe

giraffe

Adler

adelaar

Wildschwein

wild zwijn

Fisch

vis

Schildkröte

schildpad

Walross

walrus

Fuchs

vos

Gazelle

gazelle

American Football
American football

Radfahren
wielrennen

Tennis
tennis

Basketball
basketbal

Schwimmen
zwemmen

Boxen
boksen

Eishockey
ijshockey

Fußball
voetbal

Badminton
badminton

Leichtathletik
atletiek

Handball
handbal

Skilaufen
skiën

Polo
polo

Aktivitäten
activiteiten

lachen
lachen
springen
springen
umarmen
knuffelen
gehen
lopen
singen
zingen
träumen
dromen
beten
bidden
küssen
kussen

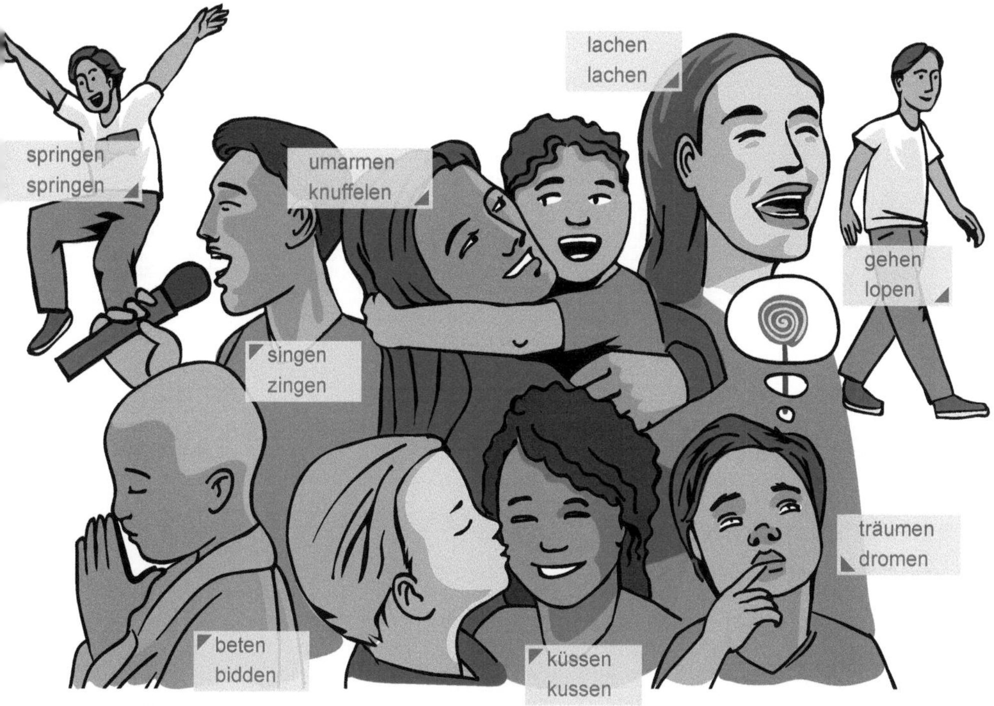

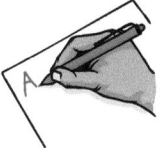

schreiben

schrijven

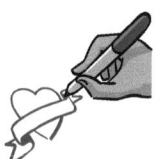

zeichnen

tekenen

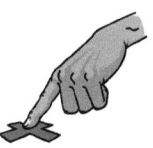

zeigen

tonen

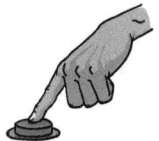

drücken

duwen

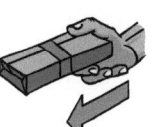

geben

geven

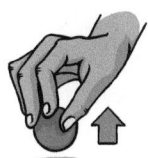

nehmen

oppakken

haben
hebben

tun
doen

sein
zijn

stehen
staan

laufen
rennen

ziehen
trekken

werfen
gooien

fallen
vallen

liegen
liggen

warten
wachten

tragen
dragen

sitzen
zitten

anziehen
aankleden

schlafen
slapen

aufwachen
wakker worden

ansehen
bekijken

weinen
huilen

streicheln
strelen

kämmen
kammen

reden
praten

verstehen
begrijpen

fragen
vragen

hören
horen

trinken
drinken

essen
eten

aufräumen
opruimen

lieben
houden van

kochen
koken

fahren
rijden

fliegen
vliegen

segeln
zeilen

rechnen
rekenen

lesen
lezen

lernen
leren

arbeiten
werken

heiraten
trouwen

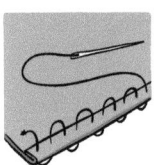

nähen
naaien

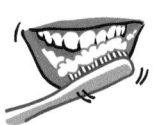

Zähne putzen
tandenpoetsen

töten
doden

rauchen
roken

senden
verzenden

Familie
familie

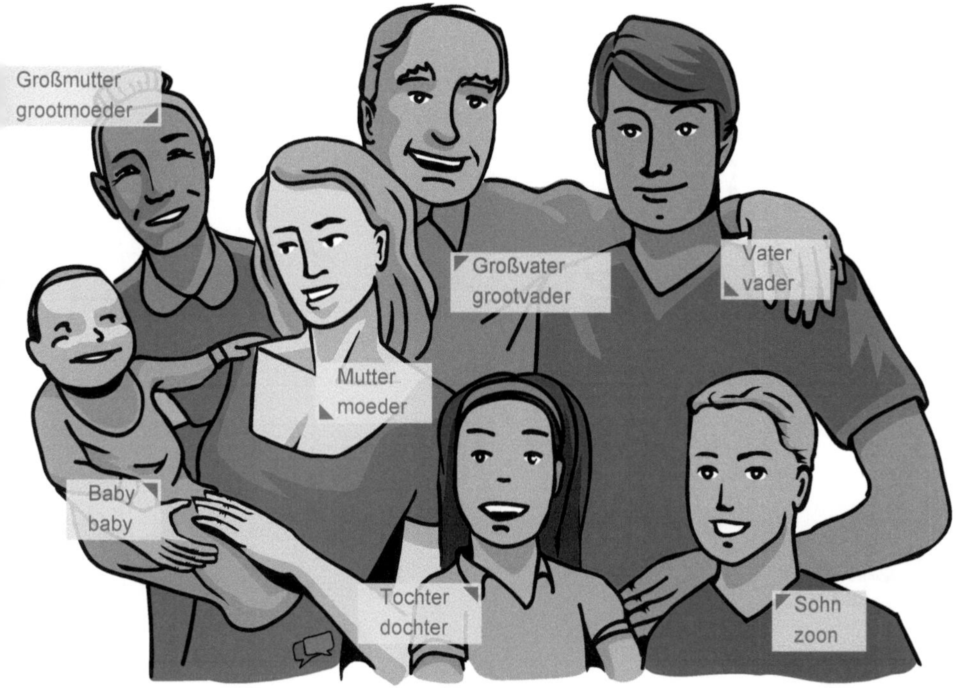

Großmutter
grootmoeder
Großvater
grootvader
Vater
vader
Mutter
moeder
Baby
baby
Tochter
dochter
Sohn
zoon

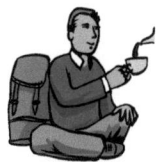

Gast

gast

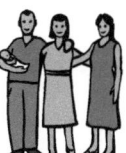

Tante

tante

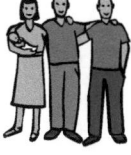

Onkel

oom

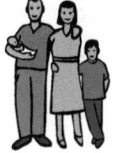

Bruder

broer

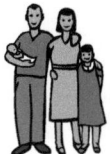

Schwester

zus

Körper
lichaam

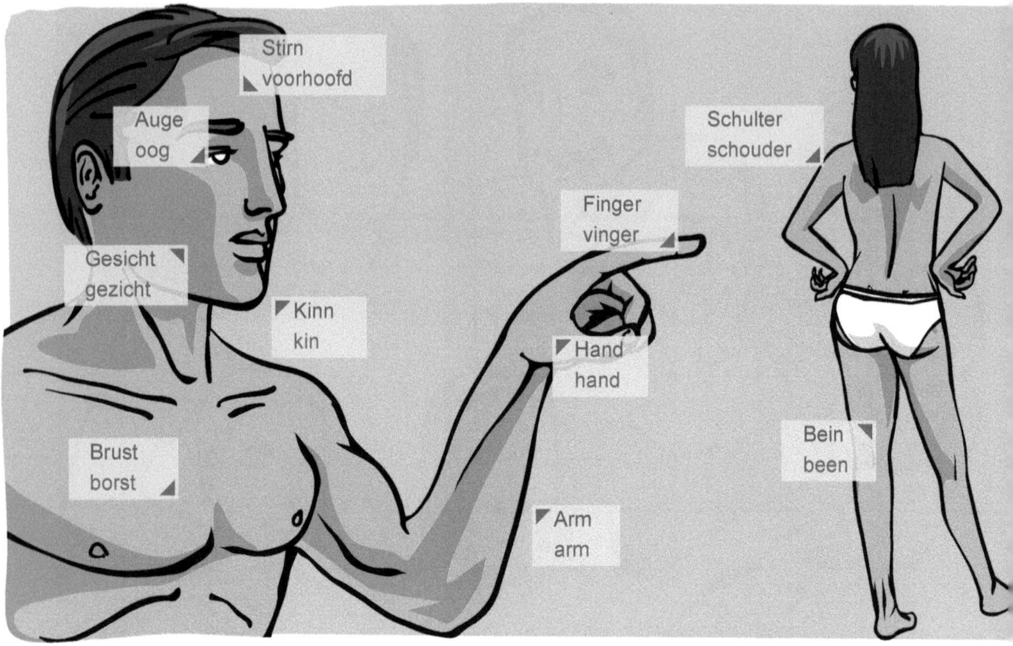

Stirn
voorhoofd
Auge
oog
Schulter
schouder
Finger
vinger
Gesicht
gezicht
Kinn
kin
Hand
hand
Bein
been
Brust
borst
Arm
arm

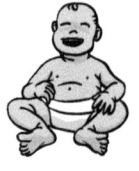

Baby
baby

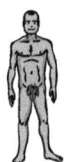

Mann
man

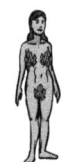

Frau
vrouw

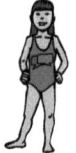

Mädchen
meisje

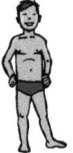

Junge
jongen

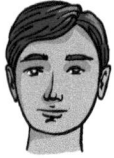

Kopf
hoofd

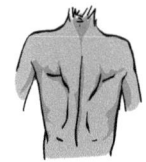

Rücken

rug

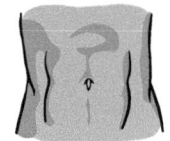

Bauch

buik

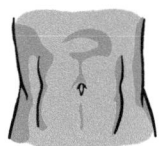

Nabel

navel

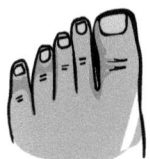

Zeh

teen

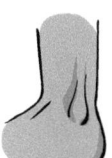

Ferse

hiel

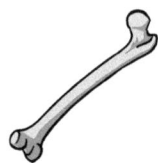

Knochen

bot

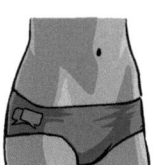

Hüfte

heup

Knie

knie

Ellenbogen

elleboog

Nase

neus

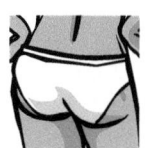

Gesäß

achterwerk

Haut

huid

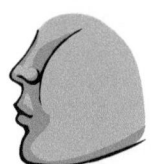

Wange

wang

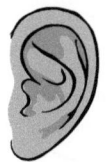

Ohr

oor

Lippe

lippen

Mund

mond

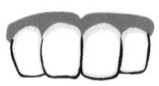

Zahn

tand

Zunge

tong

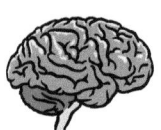

Gehirn

hersenen

Herz

hart

Muskel

spier

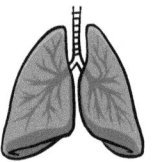

Lunge

long

Leber

lever

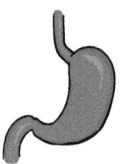

Magen

maag

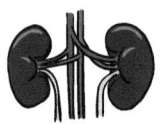

Nieren

nieren

Geschlechtsverkehr

geslachtsgemeenschap

Kondom

condoom

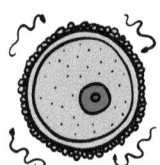

Eizelle

eicel

Sperma

sperma

Schwangerschaft

zwangerschap

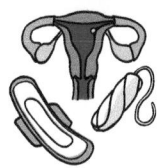

Menstruation

menstruatie

Vagina

vagina

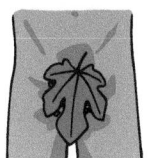

Penis

penis

Augenbraue

wenkbrauw

Haar

haar

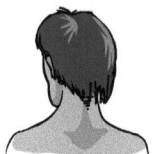

Hals

hals

Krankenhaus
ziekenhuis

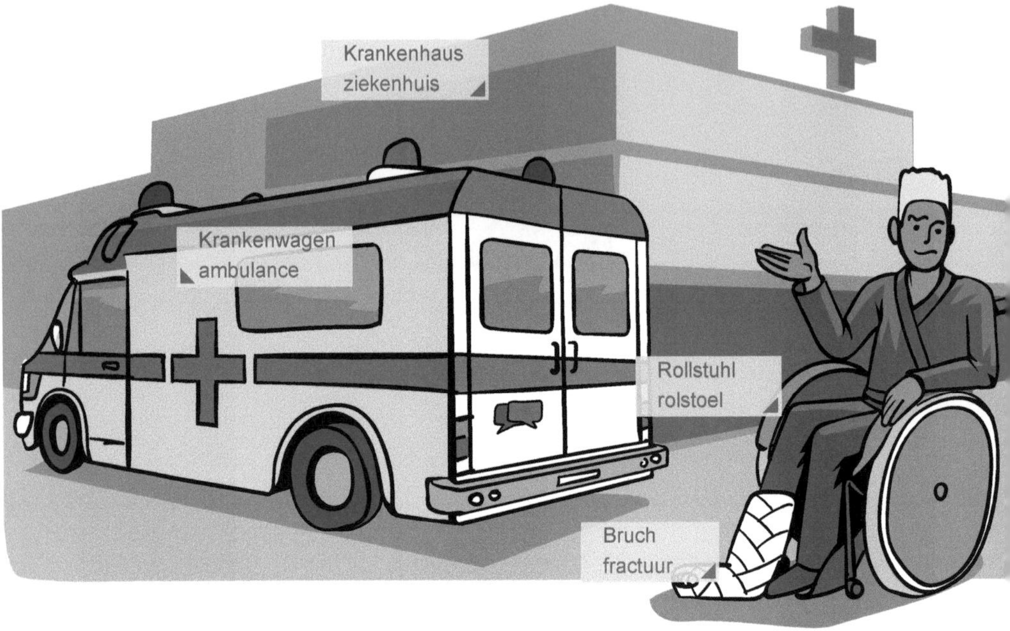

Krankenhaus
ziekenhuis
Krankenwagen
ambulance
Rollstuhl
rolstoel
Bruch
fractuur

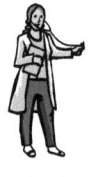

Arzt

dokter

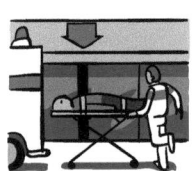

Notaufnahme

EHBO

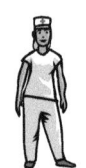

Krankenschwester

verpleegster

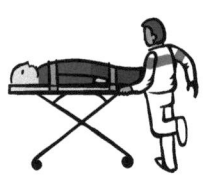

Notfall

noodgeval

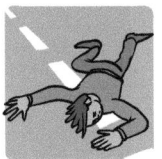

ohnmächtig

bewusteloos

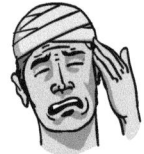

Schmerz

pijn

Verletzung

verwonding

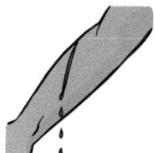

Blutung

bloeding

Herzinfarkt

hartaanval

Schlaganfall

beroerte

Allergie

allergie

Husten

hoest

Fieber

koorts

Grippe

griep

Durchfall

diarree

Kopfschmerzen

hoofdpijn

Krebs

kanker

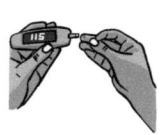

Diabetis

diabetes

Chirurg

chirurg

Skalpell

scalpel

Operation

operatie

CT
CT

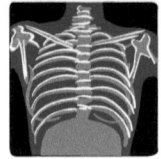

Röntgen
röntgen

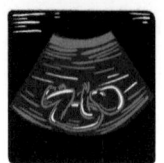

Ultraschall
echografie

Maske
gezichtsmasker

Krankheit
ziekte

Wartezimmer
wachtkamer

Krücke
kruk

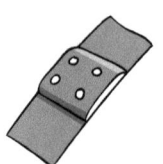

Pflaster
pleister

Verband
verband

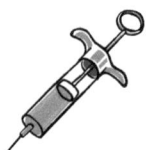

Injektion
injectie

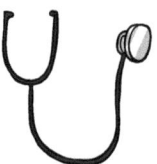

Stethoskop
stethoscoop

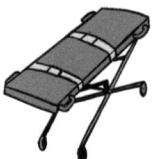

Trage
brancard

Thermometer
thermometer

Geburt
geboorte

Übergewicht
overgewicht

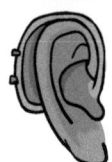

Hörgerät

gehoorapparaat

Desinfektionsmittel

ontsmettingsmiddel

Infektion

infectie

Virus

virus

HIV / AIDS

HIV / AIDS

Medizin

medicijn

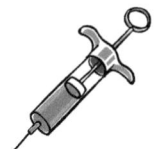

Impfung

inenting

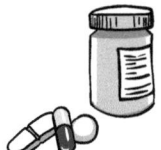

Tabletten

tabletten

Pille

pil

Notruf

alarmnummer

Blutdruck-Messgerät

bloeddrukmeter

krank / gesund

ziek / gezond

Hilfe!

Help!

Alarm

alarm

Überfall

overval

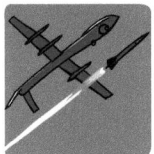

Angriff

aanval

Gefahr

gevaar

Notausgang

nooduitgang

Feuer!

Brand!

Feuerlöscher

brandblusser

Unfall

ongeluk

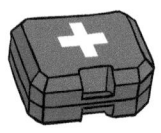

Erste-Hilfe-Koffer

EHBO-koffer

SOS

SOS

Polizei

politie

Europa

Europa

Nordamerika

Noord-Amerika

Südamerika

Zuid-Amerika

Afrika

Afrika

Asien

Azië

Australien

Australië

Atlantik

Atlantische Oceaan

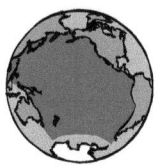

Pazifik

Stille Oceaan

Indischer Ozean

Indische Oceaan

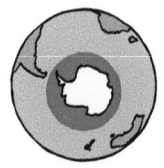

Antarktischer Ozean

Zuidelijke Oceaan

Arktischer Ozean

Noordelijke IJszee

Nordpol

Noordpool

Südpol

Zuidpool

Antarktis

Antarctica

Erde

aarde

Land

land

Meer

zee

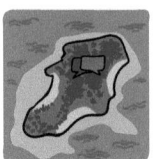

Insel

eiland

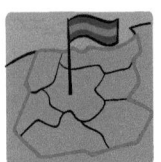

Nation

natie

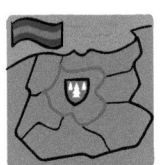

Staat

staat

Erde - aarde

Zifferblatt

wijzerplaat

Stundenzeiger

uurwijzer

Minutenzeiger

minutenwijzer

Sekundenzeiger

secondewijzer

Wie spät ist es?

Hoe laat is het?

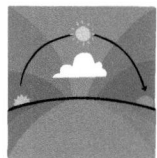

Tag

dag

Zeit

tijd

jetzt

nu

Digitaluhr

digitaal horloge

Minute

minuut

Stunde

uur

Woche
week

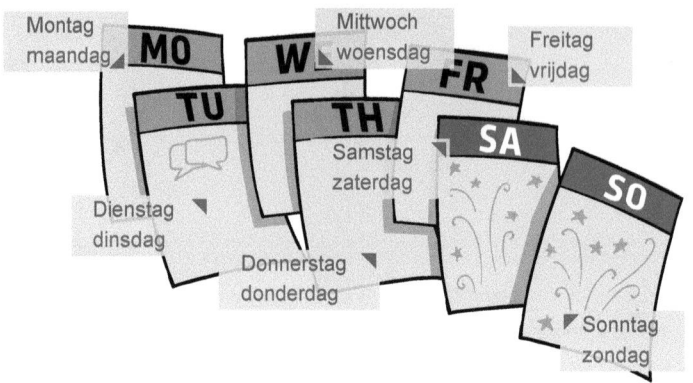

Montag / maandag — MO
Mittwoch / woensdag — W
Freitag / vrijdag — FR
Dienstag / dinsdag — TU
Donnerstag / donderdag — TH
Samstag / zaterdag — SA
Sonntag / zondag — SO

gestern

gisteren

heute

vandaag

morgen

morgen

Morgen

ochtend

Mittag

middag

Abend

avond

MO TU WE TH FR SA SU

Arbeitstage

werkdagen

Wochenende

weekend

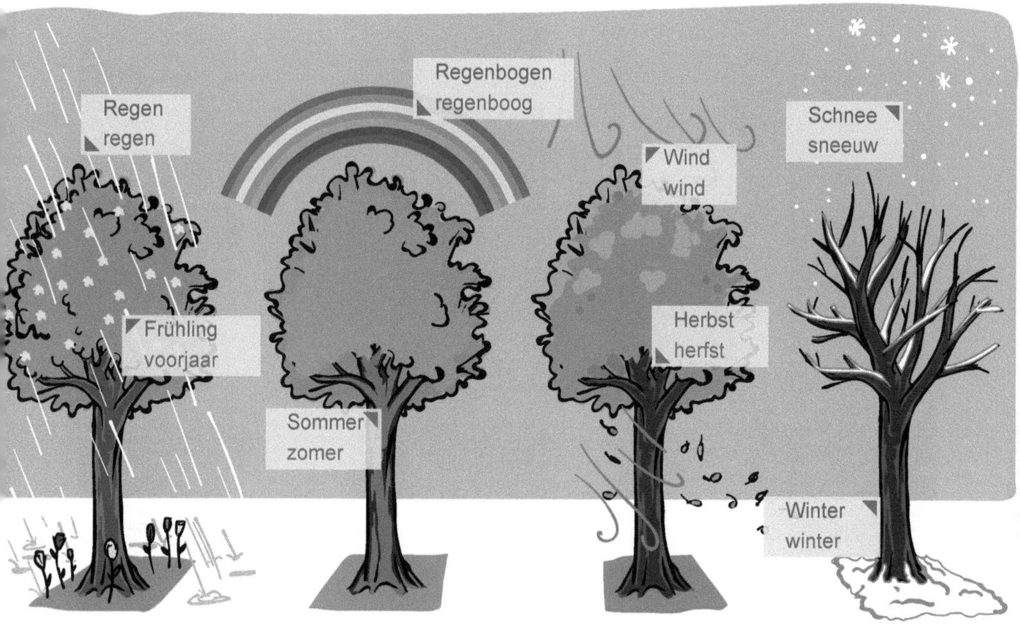

Regen
regen
Regenbogen
regenboog
Wind
wind
Schnee
sneeuw
Frühling
voorjaar
Herbst
herfst
Sommer
zomer
Winter
winter

4.APRIL 11°
5.APRIL 4°
6.APRIL 13°
7.APRIL 8°
8.APRIL 10°

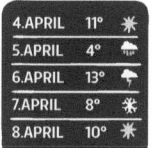

Wettervorhersage
weerbericht

F C
120 40
90 30
60 20
30 10
0 0
-30 -10
-20

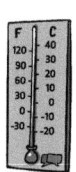

Thermometer
thermometer

Sonnenschein
zonneschijn

Wolke
wolk

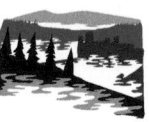

Nebel
mist

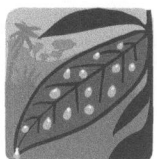

Luftfeuchtigkeit
luchtvochtigheid

Blitz

bliksem

Donner

donder

Sturm

storm

Hagel

hagel

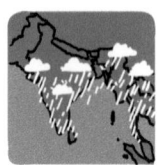

Monsun

moesson

Flut

overstroming

Eis

ijs

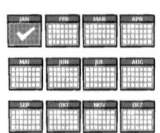

Januar

januari

Februar

februari

März

maart

April

april

Mai

mei

Juni

juni

Juli

juli

August

augustus

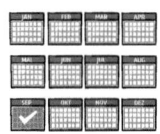

September
....
september

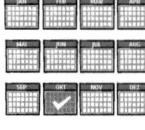

Oktober
....
oktober

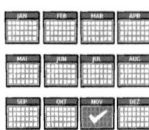

November
....
november

Dezember
....
december

Kreis
....
cirkel

Quadrat
....
vierkant

Rechteck
....
rechthoek

Dreieck
....
driehoek

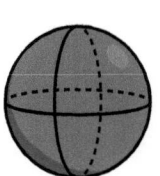

Kugel
....
bol

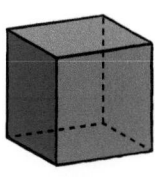

Würfel
....
kubus

Farben
kleuren

weiß
....
wit

gelb
....
geel

orange
....
oranje

pink
....
roze

rot
....
rood

lila
....
paars

blau
....
blauw

grün
....
groen

braun
....
bruin

grau
....
grijs

schwarz
....
zwart

viel / wenig
veel / weinig

wütend / friedlich
boos / rustig

hübsch / hässlich
mooi / lelijk

Anfang / Ende
begin / einde

groß / klein
groot / klein

hell / dunkel
licht / donker

Bruder / Schwester
broer / zus

sauber / schmutzig
schoon / vies

vollständig / unvollständig
volledig / onvolledig

Tag / Nacht
dag/ nacht

tot / lebendig
dood / levend

breit / schmal
breed / smal

genießbar / ungenießbar

eetbaar / oneetbaar

böse / freundlich

gemeen / aardig

aufgeregt / gelangweilt

opgewonden / verveeld

dick / dünn

dik / dun

zuerst / zuletzt

eerste / laatste

Freund / Feind

vriend / vijand

voll / leer

vol / leeg

hart / weich

hard / zacht

schwer / leicht

zwaar / licht

Hunger / Durst

honger / dorst

krank / gesund

ziek / gezond

illegal / legal

illegaal / legaal

intelligent / dumm

intelligent / dom

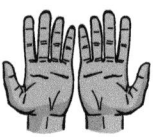

links / rechts

links / rechts

nah / fern

dichtbij / ver

neu / gebraucht

nieuw / gebruikt

nichts / etwas

niets / iets

alt / jung

oud / jong

an / aus

aan / uit

offen / geschlossen

open / gesloten

leise / laut

zacht / luid

reich / arm

rijk / arm

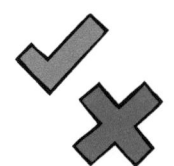

richtig / falsch

goed / fout

rau / glatt

ruw / glad

traurig / glücklich

verdrietig / gelukkig

kurz / lang

kort / lang

langsam / schnell

langzaam / snel

nass / trocken

nat / droog

warm / kühl

warm / koel

Krieg / Frieden

oorlog / vrede

Zahlen

getallen

0	**1**	**2**
null	eins	zwei
nul	één	twee

3	**4**	**5**
drei	vier	fünf
drie	vier	vijf

6	**7**	**8**
sechs	sieben	acht
zes	zeven	acht

9	**10**	**11**
neun	zehn	elf
negen	tien	elf

12
zwölf
twaalf

13
dreizehn
dertien

14
vierzehn
veertien

15
fünfzehn
vijftien

16
sechzehn
zestien

17
siebzehn
zeventien

18
achtzehn
achttien

19
neunzehn
negentien

20
zwanzig
twintig

100
hundert
honderd

1.000
tausend
duizend

1.000.000
million
miljoen

Sprachen
talen

Englisch

Engels

Amerikanisches Englisch

Amerikaans Engels

Chinesisch Mandarin

Chinees Mandarijn

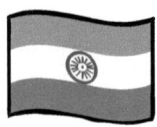

Hindi

Hindi

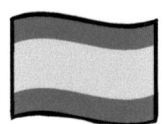

Spanisch

Spaans

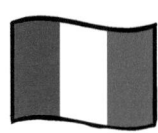

Französisch

Frans

Arabisch

Arabisch

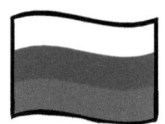

Russisch

Russisch

Portugiesisch

Portugees

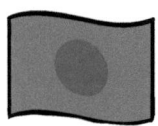

Bengalisch

Bengalees

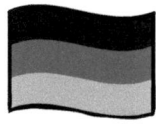

Deutsch

Duits

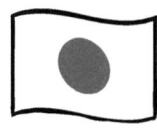

Japanisch

Japans

ich
....
ik

du
....
jij

er / sie / es
....
hij / zij / het

wir
....
wij

ihr
....
jullie

sie
....
zij

wer?
....
wie?

was?
....
wat?

wie?
....
hoe?

wo?
....
waar?

wann?
....
wanneer?

Name
....
naam

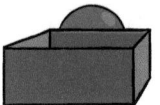

hinter
....
achter

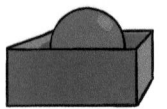

in
....
in

vor
....
voor

über
....
boven

auf
....
op

unter
....
onder

neben
....
naast

zwischen
....
tussen

Ort
....
plaats